Musik und andere Gedichte

Henry Van Dyke

Writat

Diese Ausgabe erschien im Jahr 2024

ISBN: 9789359940809

Herausgegeben von
Writat
E-Mail: info@writat.com

Inhalt

ODEN

MUSIK

I. VORSPIEL

Tochter der Psyche, Pfand dieser letzten Nacht

Wenn, von Schmerz und bittersüßer Freude durchbohrt,

Sie kannte ihre Liebe und sah ihren Herrn gehen,

Dann atmete sie ihr Staunen und ihr verlorenes Leid aus

Mit einem einzigen Schrei wurdest du geboren?

Du Blume der Verzückung und du Frucht der Trauer;

Unsichtbare Zauberin des Herzens;

Herrin der Reize, die Erleichterung bringen

Dem Kummer und der Freude teilhaftig werden

Ein himmlischer Ton, der es unbefleckt hält,—

Du bist das Kind

Von Amor und von Gott

Ein Thron der Liebe ist dein,

Du blumengeschmückte, goldgegürtete, sterngekrönte Königin,

Wessen bräutliche Schönheit haben sterbliche Augen noch nie gesehen!

II

Du bist der Engel des Teiches, der schläft,

Während Frieden und Freude in seinen Tiefen verborgen liegen,

Warte auf deine Berührung, um das Wasser in Bewegung zu setzen

In heilendem Flüstern um die müde Seele.

Ach, wann willst du näher kommen,

Du in Lieder gehüllter Bote der Gnade?

Mein einsames Herz hat lange auf dich gehört;

Und jetzt scheine ich zu hören

Über den überfüllten Marktplatz des Lebens,

Dein gemessener Schritt, hell und klar

Über den bedeutungslosen Lärm und den wilden Streit;

In ruhiger Kadenz, süß und langsam,

Ruhig auf und ab gehend,

Deine fernen Schritte sind magisch und lieb.

Ach, dreh dich hierher, komm näher und sprich mit mir!

Befreie meinen Geist aus diesem trüben Lager der Mattigkeit,

Und heiße mich aufstehen, und lass mich ein Weilchen mit dir gehen

Drittes Kapitel

Wohin führst du mich zuerst?

In welcher stillen Region

Von deinem Reich,

Deren Provinzen Legion sind,

Wirst du mich wieder zu mir selbst zurückbringen,

Und den großen Durst meines Herzens stillen?

Ich bitte dich, leg deinen goldenen Gürtel ab,

Und leg deine Sternenkrone ab:

Für eine schöne, erholsame Stunde

Nehmen Sie einen milderen Zustand an.

Nur mit deinem blütenbestickten Kleid bekleidet

Der den vertrauten Duft vieler Blumen atmet,

Nehmen Sie den niedrigen Pfad, der durch grüne Weiden führt;

Und obwohl du eine Königin bist,

Sei Rosamund für eine Weile und in deiner Laube,

Von stiller Liebe und einfacher Freude verführt,

Singe für meine Seele, wie eine Mutter für ihr Kind.

IV

O führe mich an der Hand,

Und lass mein Herz Ruhe haben,

Und bring mich zurück ins Land der Kindheit,

Um die lange verlorene Band wiederzufinden

Von fröhlichen und glücklichen Spielkameraden.

Eine malerische, altmodische Atmosphäre,

Dass alle Kinder wussten,

Soll uns überall voranlaufen,

Wie ein kleines Mädchen mit fliegenden Haaren,

Um die lustige Crew zu führen.

Entlang der Gartenwege

Wir jagen der leichten Melodie nach,

Und rein und raus durch das Blumenlabyrinth,

Mit eifriger Eile und liebevollen Verzögerungen,

Auf angenehmen Junipfaden.

Für uns sind die Felder neu,

Für uns ist der Wald voller Leben

Mit märchenhaften Geheimnissen, tief und wahr,

Und der Himmel ist nur ein blaues Zelt

Über dem Spiel des Lebens.

Die Welt ist weit weg:

Das Fieber und der Ärger,

Und all das lässt das Herz grau werden,

Ist außer Sichtweite und weit weg,

Liebe Musik, während ich dich spielen höre

Dieser alte, goldene Reigen,

„Erinnern und vergessen!"

V. SCHLAFLIED

Vergessen vergessen!

Das Blatt des Lebens wendet sich;

Die Lichtwellen verebben langsam im Westen:

Am Rande der Dunkelheit brennen einige Sterne

Um deinen Geist sicher auf eine Insel der Ruhe zu führen.

Ein wenig Schaukeln in der ruhigen Tiefe

Von Liedern, um deine Sehnsucht zu stillen,

Ein wenig Schlummer und ein wenig Schlaf,

Und so, vergiss, vergiss!

Vergessen vergessen,-

Der Tag war voller Vergnügen;

Seine Echos verklingen auf der anderen Seite des Hügels;

Jetzt lass dein Herz langsam schlagen

Das schwillt an und sinkt und wird ohnmächtig und fällt, bis alles still ist.

Dann wie ein müdes Kind, das es liebt, zu behalten

In seinen Armen einen Schatz eingeschlossen,

Deine Seele wird in ruhiger Zufriedenheit einschlafen,

Und so vergiss, vergiss.

Vergessen vergessen,-

Und wenn du geweint hast,

Lass die Gedanken los, die dich an deine Trauer binden:

Liege still und beobachte die singenden Engel beim Ernten

Die goldene Ernte deines Kummers, Garbe für Garbe;

Oder zähle deine Freuden wie Herden schneeweißer Schafe

Das kommt einer nach dem anderen schleichend

In die stille Hürde, bis du schläfst,

Und so vergiss, vergiss!

Vergessen vergessen,-

Du bist ein Kind und weißt

So wenig von deinem Leben! Doch Musik erzählt

Ein Geheimnis der Welt, durch die du gehst

Mit Morgengesang arbeiten, mit Abendglocken ruhen:

Das Leben ist im Einklang mit so tiefer Harmonie

Wenn die Töne am tiefsten sind

Du kannst dich noch in Frieden hinlegen und schlafen,

Denn Gott wird nicht vergessen.

VI. JAGDLIED

Aus dem Garten der Spielzeit, aus der Laube der Ruhe,

Gern würde ich tagsüber der Musik folgen, die mich auf die Suche lockt.

Hört, wie das galoppierende Tempo

Beschleunigt den Puls der Lust;

Fröhlich den Morgen begrüßen

Mit dem langen klaren Ton des Jagdhorns

Aus dem Tal hallt es herauf,

Über den Berghang,——

Versammelt euch, ihr Jäger, versammelt euch,

Rallye und Fahrt!

Getränk des Zaubertranks, den Musik mit ihrem Wein vermischt hat,

Voller Bewegungswahnsinn, freudig, jubelnd, göttlich!

Lassen Sie alle Ihre Sorgen hinter sich,

Reite dorthin, wo sie dich nie finden können,

In die Freude des Morgens,

Mit dem langen, klaren Ton des Jagdhorns,

Schnell über Hügel und Tal,

Mit dem Wind fegen, —

Folgt, ihr Jäger, folgt,

Folgen und finden!

Was wirst du mit deinem Reiten erreichen? Was ist der Reiz der Jagd?

Nur die Freude und der schreitende Schwung des jubelnden Tempos.

Die Gefahr ist süß, wenn man ihr gegenübersteht, —

Beim Tod rein, jeder Jäger!

Jetzt wird der Tod von der Brise getragen

Im langen, klaren Ton des Jagdhorns,

Fröhlich winden, immer und immer wieder, —

Komm Komm komm!

Wieder zu Hause, Ranger! Wieder zu Hause, Rover!

Noch einmal umdrehen, nach Hause!

VII. TANZMUSIK

Nun lass die Schlafmelodie mit der Spielmelodie verschmelzen,

Den mystischen Zauber des Tanzes weben;

Erleichtere die tiefe Melodie, mildere die fröhliche Melodie,

Mischen Sie ein Tempo, das Sie in Trance versetzt.

Die Hälfte seufzt, die andere Hälfte lächelt,

Es schwingt sanft, mit einem dreifachen Schlag;

Rufen, antworten, sehnen, betören,

Das Herz umwerben und die Füße verzaubern.

Jeder Tropfen Blut

Steigt mit der Flut,

Auf den Wellen der Belastung schaukeln;

Jugend und Schönheit gleiten

Mit der Flut wenden——

Musik, die aus zwei eins macht,

Sie forttragen, fort und fort,

Wie ein Ton und seine Terz —

Bis sich der Akkord auflöst und die Tänzer bleiben,

Und umgekehrt.

Geigen führen, greifen das Maß auf,

Drehen Sie sich noch einmal mit der Melodie um — die Klarinetten sind klar

Beantworten Sie ihr Flehen — Harfen voller Vergnügen

Streuen Sie ihr Silber wie Licht auf die Oberfläche.

Sechzehntelnoten,

Fröhliche kleine Partikel,

Im Dunst verheddert

Von den goldenen Strahlen der Lampe,

Überall Köcher

In der Luft,

Wie ein Spray,——

Bis der volle Strom der Macht der Melodie erklingt,

Gleiten wie ein Traum im Licht des Mondes,

Trägt sie alle weg, und weg, und weg,

Schweben in der Trance des Tanzes.

Dann beginnt eine stattliche Maßnahme,

Langsam, langsam, gelassen;

Alle Tänzer bewegen sich ruhig,

Gemächlich und geradlinig schreitend,

Mit höfischer Miene;

Hände kreuzen und Plätze wechseln,

Sich tief verneigen zwischen,

Während das Menuett einsetzt

Wedelnde Arme und geflochtene Schritte, –

Glitzernder Damast.

Wo ist sie, deren Gestalt gefaltet ist?

In seinem königlichen Glanz?

Von unseren sehnsüchtigen Augen zurückgehalten

Durch ihren mystischen Gürtel golden,

Schönheit gesucht, aber nie gesehen,

Musik geht durch das Labyrinth, eine Königin.

VIII. DIE SYMPHONIE

Musik, die dir Unrecht tun, die deine Kunst sagen

Ist nur dazu da, die Sinne zu verzaubern.

Für jede schüchterne Bewegung des Herzens,

Und jede Leidenschaft zu intensiv

Um die Kette des unvollkommenen Wortes zu tragen,

Und jede zitternde Sehnsucht wurde geweckt

Durch die Geisterwinde, die kommen, wissen wir nicht, woher

Und wir wissen nicht wohin,

Und jedes unartikulierte Gebet

Schlagen über die Tiefen des Schmerzes oder der Glückseligkeit,

Wie ein verwirrter Vogel

Das sein Nest sucht, aber nicht weiß, wo es ist,

Und jeder Traum, der mit trüber Freude verfolgt,

Die schläfrige Stunde zwischen Tag und Nacht,

Die wache Stunde zwischen Nacht und Tag,—

Gefangen, wartet auf dich,

Ungeduldig, sehnt sich nach dir,

Die Königin, die kommt, um den Gefangenen zu befreien

Du verleihst dem Kummer Flügel, damit er davonfliegt,

Und Flügel der Freude, um himmlische Höhen zu erreichen;

Und jedes stumme Verlangen, das in der Brust tobt

Du führst es hinaus, um schluchzend oder singend zur Ruhe zu kommen.

All dies ist Dein, und deshalb ist die Liebe Dein.

Denn Liebe ist Freude und Leid,

Und zitternder Zweifel und sicherer Glaube,

Und Angst und Hoffnung und unausgesprochene Sehnsucht,

Im Schmerz höchst menschlich und in der Verzückung kurz

Fast göttlich.

Liebe würde besitzen, wird aber tiefer, wenn sie verweigert wird;

Und die Liebe würde geben, doch sie hungert danach, zu empfangen;

Liebe wie ein Prinz würde sein Triumph erreichen;

Und wie ein Geizhals im Dunkeln würden seine Freuden verborgen bleiben.

Liebe ist am kühnsten:

Er führt seine Träume wie bewaffnete Männer in einer Reihe;

Doch wenn die Belagerung begonnen hat und er sprechen muss,

Aufruf an die Festung zum Rücktritt

Sein Schatz, die tapfere Liebe wird schwach,

Und wagt es kaum, seine Absichten zu entfalten.

Weniger mit seinen stockenden Lippen als mit seinen Augen

Er holt sich den lang ersehnten Preis:
Die Liebe würde gern alles erzählen, doch das Beste lässt sie unerzählt.

Aber du sollst aus Liebe sprechen. Ja, du sollst lehren
Das Geheimnis des gemessenen Tons,
Die Pfingstrede
Dass jeder Zuhörer es als sein eigenes hört.
Denn auf deinem Haupte die gespaltenen Feuerzungen,
Verminderte Akkorde, die vor Verlangen zittern,
Und Dur-Akkorde, die in vollkommenem Frieden leuchten,—
Sind von oben gefallen;
Und du kannst Erlösung geben
In Musik für das belastete Herz der Liebe.

Klang mit flehender, leidenschaftlicher Anspannung der Celli
Das sehnsüchtige Thema, und lass die Flöte antworten
In ruhiger Melodie, während Geigen klagen,
Und schluchzen und seufzen,
Mit gedämpfter Saite;
Dann lass die Oboe halb widerstrebend singen
Von Glückseligkeit, die am Rande des Schmerzes zittert,
Während die Celli immer wieder flehen,
Mit pulsierenden Noten verzögert, das würde vermitteln
Zu jedem drängenden Ton das Schlagen des Herzens.
So läuft das Andante und macht deutlich,
Die Hoffnungen und Ängste einer wortlosen Liebe.

Dann kommt das Adagio mit einem nachgiebigen Thema
Durch die die Bratschen sanft wie im Traum fließen,

Während Hörner und sanfte Fagotte erklingen

In zarter Melodie, die zu schweben scheint

Wie ein verzaubertes Boot

Auf dem herabfließenden Strom,

Zum weiten, hellen Meer des Allegros

Von tanzenden, glitzernden, sich vermischenden Tönen,

Wo jedes Instrument frei klingt,

Und Harfen wie Hochzeitsglocken erklingen und Trompeten

Rund um das Schiff der Liebe

Das fegt, mit lächelnden Himmeln darüber,

Eine königliche Galeere mit vielen Rudern,

In den glücklichen Hafen des perfekten Akkords.

IRIS

Licht für das Auge und Musik für das Ohr,—

Dies sind die Erbauer der Brücke, die entspringt

Von der dunklen Küste der halb vergessenen Dinge

Um die Heimat des Geistes zu erreichen, die himmlische Sphäre

Wo nichts still und nichts dunkel ist.

Wenn ich also den Bogen des Regenbogens sehe

Über den regnerischen Himmel, in der Ferne höre ich

Musik und jede Farbe singt:

Und während die Symphonie ihren Rundklang aufbaut

Volle architektonische Harmonie

Über der Flut der Zeit sehe ich weit, weit weg

Ein Bogen aus Farbe im Bogen aus Klang.

Rot wie die Morgendämmerung ertönt die Trompete,

Kaiserliches Purpur fließt aus der Posaune,

Das sanfte Horn verschmilzt mit der Abendrose.

Blau wie der Himmel, der Streicherchor

Verdunkelt sich im Kontrabass zum Farbton des Ozeans,

Steigt in Geigen zum Mittagsblau auf,

Mit Fäden aus zitterndem Licht, die hindurch und hindurch geschossen sind.

Grün wie der Mantel, den der Sommer wirft

Auf der ganzen Welt, die pastoralen Schilfrohre in der Zeit

Sticken Sie Melodien für Mai und Juni.

Gelb wie Gold,

Ja, dreimal raffiniertes Gold,

Und reiner als die Schätze der Mine,

Fluten der göttlichen menschlichen Stimme

Entlang des Bogens wird im Chorgesang gerollt.

So biegt sich der Bogen komplett:

Und strahlende Verzückung strömt

Über die Brücke, so voll, so stark, so süß,

Das weiß der erhobene Geist kaum

Ob das Musiklicht, das leuchtet

Im Bogen der Töne und Farben sieben

Ist der Sonnenuntergang der Friede der Erde oder der Sonnenaufgang die Freude des Himmels?

X. MEER UND KÜSTE

Musik, ich gebe dir nach;

Als Schwimmer zum Meer

Ich gebe meinen Geist der Flut des Gesangs:

Trage mich an deiner Brust

In Verzückung und Ruhe,

Baden Sie mich in purer Freude und machen Sie mich stark;

Bringe Befreiung aus Streit und Kampf,

Und ziehe die Wellen der Leidenschaft in Wellen des Friedens.

Erinnerte dich an Lieder, Liebste,

In lebendigen Liedern höre ich,

Während sich die Stimmen vermischen, schwingen und wiegen sie sich sanft

In Melodien der Liebe,

Wessen mächtige Strömungen bewegen,

Mit Gesang in der Nähe und Gesang in der Ferne;

Süß im Schein des Morgenlichts,

Und noch süßer über dem sternenklaren Golf der Nacht.

Musik, in dir schweben wir,

Und verliere die einsame Note

Von dir selbst in deiner himmlisch geordneten Form,

Bis wir endlich finden

Das Leben zu lieben aufgegeben

In wieder hergestellter Harmonie der Freude;

Und Lieder, die unsere sterblichen Tage erheiterten

Brechen Sie in endlosen Lobgesängen an der Küste des Lichts auf.

Dezember 1901 - Mai 1903.

FRIEDEN

I. IN EXCELSIS

Zwei Wohnungen, Frieden, sind dein.

Einer ist die Berghöhe,

Erhoben in der Einsamkeit des Lichts

Jenseits des Reiches der Schatten, - schön,

Und weit und klar, – wo die Ankunft der Nacht

Bedeutet nur herrliche Nähe der Sterne,

Und die Morgendämmerung bricht ungehindert über die Gitterstäbe

So lange bleibt die Unterwelt im Dämmerlicht.

Du schläfst nicht und brauchst keinen Schlaf,

Denn alle Deine Sorgen und Ängste sind verschwunden;

Die Müdigkeit der Nacht, die Fieberhaftigkeit des Tages,

Sind weit unter dir; und die ermüdenden Kriege der Erde,

Umsonst verschwendet man Leidenschaft,

Vor deinen Augen wie Visionen im Spiegel,

Oder wie die Falten des Sturms, die kriechen

Über das Meer und hinterlasse keine Spuren

Von Ärger auf diesem uralten Gesicht,—

So kurz erscheinen die Konflikte, und so unbedeutend

Die Wunden, die Männer zufügen, die Dinge, für die sie kämpfen.

Hier hängt eine Festung am fernen Abhang,—

Eine Flechte, die am Felsen klammert:

Es segelt eine Flotte auf dem Meer,—

Eine wandernde Herde

Von Möwen mit Schneeflügeln. Und dort in der Ebene

Ein Marmorpalast glänzt, ein Korn

Aus Glimmer, der im Regen glitzert.

Unter deinen Füßen rollen die Wolken

Durch stumme Winde: und weit dazwischen

Die rollenden Wolken zeigen neue Ufer und Gipfel,

In schimmernden Gewändern aus Grün und Gold,

Und schwacher Luftton

Diese Stille vergeht im stillen Blau.

Du, von deinem Bergsitz,

Den ganzen Tag in stiller Weisheit herabblickend

Auf fernen Szenen menschlicher Mühe und Streit,

Die ganze Nacht, mit Augen, die sich des höheren Lebens bewusst sind,

Zum Himmel hinaufschauend, wo Sterne gesät sind,

Beobachten Sie, wie die ewigen Felder weiß werden

Zur Ernte der Söhne des Lichts,

Und willkommen in deiner erhabenen Wohnstätte

Die wenigen starken Seelen, die den Aufstieg wagen

Die schlüpfrigen Felsen finden dich auf der Höhe.

II. DE PROFUNDIS

Aber in der Tiefe hast du ein anderes Zuhause,

Für weniger gewagte oder gebrechlichere Herzen.

Du wohnst auch im schattigen Tal;

Und Pilgerseelen, die umherstreifen

Mit müden Füßen über Berg und Tal,

Die Last und die Hitze ertragen

Von mühevollen Tagen,

Kehre ab von den staubigen Wegen

Um dich in deinem grünen und stillen Rückzugsort zu finden.

Hier gibt es keine weit verbreitete Vision

Vor dem einsamen und erhabenen Sitz

Von allumfassendem Wissen. Hier aber

Ein kleiner Garten und eine geschützte Ecke,

Mit kurzen und süßen Aussichten

Über die Wiesen und am Bach entlang —

Ein kleiner Bach, den kaum jemand kennt

Des großen Meeres, dem es gern zuströmt,

Ein kleines Feld, das ein wenig Weizen trägt

Um einen Teil des täglichen Brots der Erde zu verdienen.

Die riesigen Wolkenarmeen über uns

Werden aufgestellt, und der wilde Wind weht

Es ist eine Trompete, aber du kannst es nicht sagen

Woher der Sturm kommt und wohin er geht.

Es ist dir auch egal, denn alles ist gut;

Deine tägliche Aufgabe ist erledigt,

Und obwohl ein bescheidener,

Du hast dein Bestes gegeben,

Und Kunstinhalte zum Ausruhen

In Geduld, bis die langsame Belohnung erreicht ist.

Du siehst nicht weit, aber deine Sicht ist klar;

Du weißt nicht viel, aber dein Glaube ist teuer;

Denn das Leben ist Liebe, und die Liebe ist immer nah.

Hier entzündet Freundschaft das Feuer und jedes Herz,

Sicher seiner selbst und sicher des Restes,

Wagt es, wahr zu sein, und nimmt gern seinen Teil dazu

Im offenen Gespräch das Beste hervorbringen:

Hier ist süße Musik, die jede Kette zum Schmelzen bringt

Von Mattigkeit und Schmerz:

Und hier ist endlich der Schlaf, das Geschenk aller Geschenke,

Die liebevolle Krankenschwester, die hochhebt

Die Seele ist der wachen Welt überdrüssig geworden,

Und legt es, mit seinen Gedanken ganz zusammengerollt,

Seine Ängste sind vergessen und seine Leidenschaften noch immer,

Im tiefen Schoß des Ewigen Willens.

August 1901.

VICTOR HUGO 1802-1902

Seit hundert Jahren im Herzen Frankreichs,

Leidenschaftlich, einfühlsam, stolz und stark,

Schnell pochend mit ihren Hoffnungen und Ängsten,

Mit ihrem Gefühl des Unrechts ist es heftig, sie zu entflammen!

Du, der mit einem Morgenlied begrüßt hat

Traumlicht, das einen alten Thron vergoldet:

Du, der du dich umdrehtest, als der Traum erkaltete,

Ich singe immer noch zu dem Licht, das schien

Rein vom alten Thron der Freiheit,

Über die Menschenmenge!

Du, der du es in der dunklen Sonnenfinsternis gewagt hast, –

Als der Zwergerbe eines riesigen Namens

Verdunkelte das Antlitz des Landes vor Scham, –

Sprich die Wahrheit mit empörten Lippen,

Nennt ihn klein, den die Menschen groß nannten,

Verspottet ihn, verachtet ihn, verleugnet ihn,

Zeigen Sie auf das Blut auf seinem Staatsgewand,

Werfen Sie seine Bestechungsgelder zurück und trotzen Sie ihm!

Du, der den Wellen des Schicksals entgegentrat

Als du von deiner Inselheimat aus auf das Meer blicktest,

Verbannt, doch mit einer Seele,

Lieder über den rollenden Schaum senden,

Das Herz des Menschen bitten zu warten

Für den Tag, an dem alle sehen sollten

Fluten des Zorns aus dem düsteren Himmel

Fallen Sie auf ein Imperium, das auf Lügen gegründet wurde,

Und Frankreich sei wieder frei!

Du, der im schrecklichen Jahr kam

Schnell zurück in dein zerstörtes Land,

Nun ist es deinem Herzen tausendmal lieber, —

Betete für sie, sang für sie, kämpfte für sie,

Geduldig und inbrünstig für sie gearbeitet,

Bis noch einmal,

Nach dem Sturm der Angst und des Schmerzes,

Hoch am Himmel stand der Stern Frankreichs deutlich!

Du, der wusstest, dass ein Mann nehmen muss

Gut und Böse mit einer standhaften Seele,

Festhalten, während die Wogen rollen

Über seinen Kopf, zu den Dingen, die machen

Ein lebenswertes Leben für Groß und Klein,—

Ehre und Mitleid und Wahrheit,

Das Herz und die Hoffnung der Jugend,

Und der gute Gott über allem!

Du, für den die Arbeit Erholung war,

Furchtloser Arbeiter des Meeres,

Immer der freudigen Suche folgend

Von Schönheit an den Ufern der alten Romantik,

Barde der Armen Frankreichs,

Und Kriegerpriester der weltweiten Nächstenliebe!

Du, der kleine Kinder am meisten liebte

Von allen Dichtern, die je gesungen haben,

Großes Herz, goldenes Herz,

Alt und doch ewig jung,

Minnesänger der Freiheit,

Liebhaber aller freien, geflügelten Dinge,

Nun bist du endlich frei,—

Deine Seele hat Flügel!

Seit hundert Jahren im Herzen Frankreichs,

Schwebe weit im Licht, das dich nie im Stich lässt,

Über den Aufruhr sterblicher Hoffnungen und Ängste

Sieger, für immer Sieger, die ganze Welt jubelt dir zu!

März 1902.

GOTT DER FREILUFT

ICH

Du, der du dein Heim schön gemacht hast

Unten mit Blumen, oben mit Sternenlicht,

Und stelle überall deine Altäre auf,

Auf Berghöhen,

In Wäldern, die von vielen Träumen getrübt sind,

In Tälern voller Quellen,

Und an den geschwungenen Enden jedes Flusses:

Du, der du die Flügel an dich genommen hast

Des Morgens, um zu bleiben

An den geheimen Orten des Meeres,

Und auf fernen Inseln, wo die Flut herrscht

Besucht die Schönheit unberührter Küsten,

Ich warte darauf, dass Anbeter zu dir kommen

In deinem großen Freien!

Zu dir wende ich mich, zu dir bete ich,

Gott der freien Luft.

II

Ich suche dich, das Herz des Menschen

Einsam und sehnsüchtig rannten,

In dieser ersten, einsamen Stunde,

Wenn die geheimnisvolle Macht

Das Wunder des Morgens kennen und lieben

Wurde in ihm eingeatmet, und seine Seele wurde geboren;

Und du hast dein Kind getroffen,

Nicht in einem versteckten Schrein,

Aber in der Freiheit des Gartens wild,

Und nimm seine Hand in die deine,

Dort wandelte er den ganzen Tag im Paradies,

Und in der Kühle des Abends mit dir geredet.

Drittes Kapitel

Verloren vor langer Zeit jener helle und reine Garten,

Verloren, dieser ruhige Tag, zu perfekt, um ihn zu ertragen,

Und verloren die kindliche Liebe, die anbetete und sicher war!

Denn die Menschen haben ihre Augen durch die Sünde getrübt,

Und verdunkelte das Licht des Himmels mit Zweifel,

Und bauten ihre Tempelmauern, um dich einzuschließen,

Und sie haben ihre eisernen Glaubensbekenntnisse so formuliert, dass sie dich ausschließen.

Doch nicht für dich das Schließen der Tür,

O unbeschränkter Geist!

Deine Wege sind frei

Wie der wandernde Wind,

Und du hast deine Kinder umworben, um sie wiederherzustellen

Ihre Gemeinschaft mit dir,

In Frieden der Seele und Einfachheit des Geistes.

IV

Freudig das Herz, dass, als die Flut vorbeizog,

Sprang auf, um den Regenbogen am Himmel zu sehen;

Und froh, der Pilger, in der einsamen Nacht,

Für wen die Hügel von Haran, Stufe für Stufe,

Eine geheime Treppe zur Höhe gebaut

Wo Sterne wie Engelsaugen klar leuchteten.

Von Berggipfeln, in vielen Ländern und Zeitaltern,

Schüler des persischen Sehers

Habe die aufgehende Sonne gegrüßt und dich angebetet;

Und abgedroschene Anhänger des indischen Weisen

Habe den Frieden Gottes unter einem ausladenden Baum gefunden.

Aber einer, aber einer, – ach, liebstes Kind,

Und ein perfektes Bild der unsichtbaren Liebe –

Jeden Tag auf grünen Weiden spazieren gegangen,

Und sein ganzes Leben lang das ruhige Wasser vorbei,

Mit ruhigem Auge ihre Schönheit lesen.

Für ihn war die Wüste ein vorbereiteter Ort

Damit müde Herzen ruhen können;

Der Hügel war ein gesegneter Tempel;

Das grasbewachsene Tal ein Bankettsaal

Wo er so manchen Gast ernähren und trösten konnte.

Mit ihm teilte die Lilie

Die lebenswichtige Freude, die in voller Blüte atmet;

Und jeder Vogel, der neben dem Nest sang

Erzählt von der Liebe, die über jedem Lebewesen brütet.

Er sah zu, wie der Hirte brachte

Seine Herde bei Sonnenuntergang zur Willkommenshürde,

Der Fischer bei Tagesanbruch

Sein Netz über dem Wasser grau und kalt,

Und den ganzen Tag schwingt der geduldige Schnitter

Seine geschwungene Sichel durch das Erntegold.

So ging er auf dem Fußweg durch die Welt,

Mit jedem Atemzug die Luft des Himmels einatmen;

Und am Abend Opfer des Todes

Unter freiem Himmel gab er seine Seele Gott.

Ihm werde ich vertrauen und ihn für meinen Meister nehmen;

Ihm werde ich folgen; und ihm zuliebe,

Gott der freien Luft,

Zu dir bete ich.

V

Aus dem Gefängnis ängstlicher Gedanken, das die Gier aufgebaut hat,

Von den Fesseln, die der Neid geschaffen und der Stolz vergoldet hat,

Vom Lärm der überfüllten Wege und der heftigen Verwirrung,

Von der Torheit, die ihre Tage in einer Welt der Illusion verschwendet,

(Ah, aber das Leben ist verloren, das dort grübelt und schmachtet!)

Ich würde entfliehen und frei sein in der Freude an der frischen Luft.

Bei der Weite des Blaus, das schweigend über mir scheint,

Bei der Länge der Berglinien, die sich vor mir erstrecken,

Durch die Höhe der Wolke, die segelt, mit Ruhe in Bewegung,

Über die Ebenen und Täler bis zum unermesslichen Ozean,

(Oh, wie der Anblick der großen Dinge die Augen weitet!)

Führe mich aus dem engen Leben in den Frieden der Hügel

und der Himmel.

Während sich der zitternde Blätterdunst über dem Wald ausbreitet,

Und die Blüte auf der Wiese verrät, wo der Mai hingetreten ist;

Während die Vögel oben auf den Zweigen und die Bäche unten fließen,

Singen gemeinsam von der Liebe in einer Welt voller Wunder,

(Siehe, im Wunder des Frühlings werden Träume wahr!)

Erfrische mein Herz und gib mir die schönen Hoffnungen der Jugend zurück.

Durch den Glauben, den die Blumen zeigen, wenn sie ungebeten blühen,

Durch die Ruhe des Flusses zu einem verborgenen Ziel,

Durch das Vertrauen des Baumes, der an seinem tiefen Fundament festhält,

Durch den Mut der Flügel wilder Vögel auf der langen Wanderung,

(Wunderbares Geheimnis des Friedens, das in der Brust der Natur ruht!)

Lehre mich, mich anzuvertrauen, mein Leben zu leben und mich auszuruhen.

Für die wohlige Wärme der Sonne, die mein Körper umarmt,

Für die Kühle des Wassers, das durch die schattigen Orte fließt,

Für den Balsam der Brisen, die mit ihren Fingern mein Gesicht streifen,

Für den Abendgesang der Drossel, wenn die Dämmerung verweilt,

Für den langen Atem, den tiefen Atem, den Atem

eines Herzens ohne Sorge,—

Ich werde dir danken und dich anbeten, Gott der freien Luft!

VI

Das sind die Geschenke, um die ich bitte

Von dir, heiterer Geist:

Kraft für die täglichen Aufgaben,

Mut, sich der Straße zu stellen,

Gute Laune, die mir hilft, die Last des Reisenden zu tragen,

Und für die Stunden der Ruhe, die dazwischen liegen,

Eine innere Freude an allem, was man hört und sieht.

Das sind die Sünden, die ich gern habe

Ich möchte, dass du es mitnimmst:

Bosheit und kalte Verachtung,

Heiße Wut, mürrischer Hass,

Verachtung der Niedrigen, Neid der Großen,

Und Unzufriedenheit, die einen grauen Schatten wirft

Bei all der Helligkeit des gewöhnlichen Tages.

Das sind die Dinge, die ich schätze

Und halte von höchstem Wert:

Licht des Saphirhimmels,

Frieden der stillen Hügel,

Schutz der Wälder, Trost des Grases,

Vogelmusik, Rauschen kleiner Bäche,

Schatten der Wolken, die schnell vorüberziehen,

Und nach dem Duschen

Der Duft von Blumen

Und von der guten braunen Erde,—

Und das Beste von allem: Nebenbei Freundschaft und Fröhlichkeit.

Also lass mich

Diese Schätze des bescheidenen Herzens

Im wahren Besitz, indem man sie aus Liebe besitzt;

Und wenn ich mich endlich nicht mehr bewegen kann

Unter ihnen frei, aber man muss sich trennen

Von den grünen Feldern und vom Wasser klar,

Lass mich nicht kriechen

In einen abgedunkelten Raum und verstecken

Von allem, was die Welt so hell und lieb macht;

Aber machen Sie die Fenster weit

Im Licht willkommen heißen;

Und während ich eine geliebte Hand drücke,

Lassen Sie mich noch einmal sehen

Vom tiefen Himmel und dem weit lächelnden Land –

Dann schlafe sanft ein,

Und atme meinen Körper zurück in die Fürsorge der Natur,

Mein Geist zu dir, Gott der freien Luft.

SONette

ARBEITEN

Lass mich nur meine Arbeit von Tag zu Tag erledigen,

Auf dem Feld oder im Wald, am Schreibtisch oder am Webstuhl,

Auf einem tosenden Marktplatz oder in einem ruhigen Zimmer;

Lass es mich nur in meinem Herzen finden, um zu sagen:

Wenn vagabundierende Wünsche mich in die Irre locken,

„Das ist meine Arbeit; mein Segen, nicht mein Schicksal;

„Von allen, die leben, bin ich derjenige, durch den

„Diese Arbeit lässt sich am besten auf die richtige Art und Weise erledigen.“

Dann werde ich sehen, dass es weder zu groß noch zu klein ist,

Um meinem Geist zu entsprechen und meine Kräfte zu beweisen;

Dann werde ich fröhlich die Arbeitsstunden begrüßen,

Und fröhliche Wendung, wenn die langen Schatten fallen

Am Abend zum Spielen, Lieben und Ausruhen,

Weil ich weiß, dass meine Arbeit für mich die Beste ist.

April 1902.

LEBEN

Lass mich mein Leben nur von Jahr zu Jahr leben,

Mit nach vorn gerichtetem Gesicht und unwiderstehlicher Seele;

Nicht zum Ziel eilen oder sich von ihm abwenden;

Nicht um die Dinge trauern, die verschwinden

In der düsteren Vergangenheit, noch aus Angst zurückhaltend

Von dem, was die Zukunft verschleiert; aber mit einem Ganzen

Und glückliches Herz, das zahlt seinen Tribut

An Jugend und Alter, und reist fröhlich weiter.

Also lass den Weg den Hügel hinauf oder hinunter winden,

Ob rau oder glatt, die Reise wird ein Vergnügen sein:

Ich suche noch immer, was ich als Junge suchte,

Neue Freundschaft, großes Abenteuer und eine Krone,

Mein Herz wird den Mut der Suche bewahren,

Und hoffen, dass die letzte Kurve der Straße die beste sein wird.

Mai 1902.

LIEBE

Lass mich nur meine Liebe ohne Verkleidung lieben,

Und trage keine Maske nach alter oder neuer Mode,

Und warte nicht, bis ich einen Hinweis höre,

Und spiele keine Rolle, um in den Augen anderer zu glänzen,

Ich beuge meine Knie nicht vor dem, was mein Herz verneint.

Doch was ich bin, dem will ich treu bleiben,

Und lass mich anbeten, wo meine Liebe gebührt,

Und so lass mich durch Liebe und Anbetung auferstehen.

Denn Liebe ist nur der unsterbliche Durst des Herzens

Um vollständig erkannt und vergeben zu werden,

Sogar als sündige Seelen, die den Himmel betreten:

So nimm mich, Liebling, und verstehe mein Schlimmstes,

Und verzeihe es freimütig, denn gestanden,

Und lass mich in der Liebe zu Dir das Beste finden, was ich habe.

Mai 1902.

DAS KIND IM GARTEN

Wenn in den Garten des ungestörten Denkens

Ich kam spät und sah die offene Tür,

Und wollte wieder hineingehen und erforschen

Die süßen, wilden Wege mit makelloser Blüte durchwirkt,

Und Lauben der Unschuld voller Schönheit,

Es schien, als müsste vorher eine reinere Stimme sprechen

Ich habe es gewagt, diesen Garten zu betreten, den ich einst liebte,

Dass Eden unbekannt verloren und unversucht gefunden wurde.

Dann sah ich direkt hinter dem Tor ein Kind, —

Ein fremdes Kind, aber dennoch sehr teuer für mich;

Er hielt mir die Hände entgegen und lächelte sanft

Mit Augen, die weder Sünde noch Angst kannten:

„Kommen Sie herein", sagte er, „und spielen Sie eine Weile mit mir;

„Ich bin das kleine Kind, das du einmal warst."

Januar 1903.

DER GRUND DER LIEBE

Damit dein Gesicht schön ist, liebe ich dich nicht;

Noch nicht wegen des Lichts deiner braunen Augen

Hath Glanz des Staunens und der freudigen Überraschung,

Wie Waldbäche, die einen sonnenbeschienenen Ort durchqueren:

Auch nicht für deine Schönheit, die ohne Makel geboren wurde,

Am vollkommensten ist es, wenn es ohne jede Verkleidung durchscheint

Rein wie der Stern Evas im Paradies, —

Trotz all dieser äußeren Dinge liebe ich dich nicht:

Aber für etwas in deiner Form und deinem Gesicht,

Dein Aussehen und deine Art, von ursprünglicher Harmonie;

Ein gewisser beruhigender Charme, eine lebendige Anmut

Das atmet von der ewigen Frau,

Und lässt mich die Wärme der Brust der Natur spüren,

Wenn ich in ihren und deinen Armen liege, sinke ich zur Ruhe.

Februar 1904.

PORTRÄT UND WIRKLICHKEIT

Wenn auf dem geschlossenen Vorhang meiner Sicht

Meine Fantasie malt dein Porträt in der Ferne,

Ich sehe dich immer noch derselbe, bei Nacht und bei Tag;

Die überfüllte Straße überqueren oder sich hell bewegen

„Mitten im festlichen Gedränge oder beim Lesen bei Licht."

Von einer schattigen Lampe lag das Licht eines freundlichen Dichters,

Oder die Kinder bei ihrem Spiel betreuen, —

Das gleiche süße Ich und meine unveränderte Freude.

Aber wenn ich dich in der Nähe sehe, erkenne ich es

Auf jede vertraute Art und Weise etwas Seltsames

Perfektion, und siehe da, im April-Gewand

Die Magie deiner Schönheit, die reicht

Durch viele Stimmungen mit unendlicher Überraschung, —

Nie mehr das Gleiche und mit jeder Veränderung süßer.

Mai 1904.

DER WIND DER TRAUER

Das Feuer der Liebe brannte und war doch so schwach

Dass wir im Dunkeln seine Strahlen kaum sehen konnten,

Und im Licht vollkommen ruhiger Tage

Nichts als glimmende Glut, matt und langsam.

Vergeblich versuchten wir aus Liebe zu werfen

Neue Freuden auf dem Scheiterhaufen, die ihn zum Leuchten bringen:

In der ruhigen Luft und auf friedlich-wohlhabenden Wegen des Lebens

Wir haben die Strahlungswärme von vor langer Zeit vermisst.

Dann in der Nacht, einer Nacht voller trauriger Alarme,

Bitter vor Schmerz und schwarz vor Angstnebel,

Das trieb uns zitternd in die Arme des anderen —

Über den Abgrund der Dunkelheit und Salztränen,

In die Ruhe des Lebens kam der Wind der Trauer,

Und entfachte das Feuer der Liebe zur klarsten Flamme.

März 1903.

PATRIA

Ich würde mein Herz nicht einmal bitten zu sagen

Wenn ich ein anderes Land auch lieben könnte

Wie du, mein Land, hätte ich den Zauber gespürt

Von Italien geboren oder gelernt zu gehorchen

Der Charme Frankreichs oder die mächtige Macht Englands.

Ich wäre nicht so sehr ein Ungläubiger

Wie einst zu träumen oder Worte zu finden,

Welches Land könnte meine Liebe von Dir fernhalten?

Denn wie ein Naturgesetz in meinem Blut

Ich fühle deine süße und geheime Souveränität,

Und dein Lebenszeichen hat meine Seele durchwoben.

Mein Leben ist nur eine Welle und du die Flut;

Ich bin ein Blatt und du der Mutterbaum;

Ich würde es auch gar nicht sein, wenn ich nicht dein wäre.

Juni 1904.

LEGENDEN

EINE LEGENDE DES SERVICE

Es gefiel dem Herrn der Engel (Seinen Namen loben!)

Eines Tages den Bericht derer zu hören, die gekommen sind

Mit mitleidiger Trauer oder jubelnder Freude,

Um von den irdischen Aufgaben in seinem Dienst zu erzählen:

Manchen tat es leid, als sie sahen, wie langsam

Der Strom der himmlischen Liebe muss auf Erden fließen;

Und einige waren froh, weil ihre Augen gesehen hatten,

An seinen Ufern frische Blumen und lebendiges Grün.

Also, zu einer bestimmten Stunde vor dem Thron

Der jüngste Engel, Asmiel, stand allein;

Weder froh noch traurig, sondern voll ernster Gedanken,

Und so brachte er dem Meister die Botschaft:

„Herr, in der Stadt Lupon habe ich gefunden

„Drei Diener deines heiligen Namens, berühmt

„Über ihren Mitmenschen. Einer ist sehr weise,

„Mit Gedanken, die immer über den Himmel schweifen;

„Und einer ist begabt mit der goldenen Rede

„Das macht die Menschen froh, wenn sie ihm zuhören, wenn er lehrt;

„Und einer, der weder mit seltener Gabe noch mit Gnade ausgestattet ist,

„Hat sich durch seine guten Taten die Liebe des Volkes verdient.

„Mit drei solchen Heiligen ist Lupon dreifach gesegnet;

„Aber, Herr, ich möchte gerne wissen, wer Dich am meisten liebt?“

Dann sprach der Herr der Engel, zu dessen Blick

Die Herzen aller sind wie ein offenes Buch:

„In jeder Seele lese ich den geheimen Gedanken,

„Und nun ja, ich weiß, wer mich wirklich am meisten liebt.

„Aber jedes Leben hat noch leere Seiten,

„Darauf kann ein Mann schreiben, was er will;

„Deshalb lese ich schweigend, Tag für Tag,

„Und warte darauf, dass ungelehrte Herzen meinen Weg lernen.

„Aber du sollst zu Lupon gehen, zu den dreien

„Wer mir dort dient und dieses Wort von mir nimmt:

„Sage jedem von ihnen, sein Meister befiehlt ihm zu gehen

„Allein zu Spirans Hütten, über den Schnee;

„Dort soll er eine bestimmte Aufgabe für mich finden:

„Aber was, das verrate ich weder ihnen noch dir.

„Gib die Botschaft weiter, mach mein Wort zum Prüfstein,

„Und kröne für mich denjenigen, der am besten antwortet."

Schweigend stand der Engel mit gefalteten Händen da,

Um den Abdruck der Gebote seines Herrn anzunehmen;

Dann holte er gehorsam und erfreut Luft,

Und passierte zur selben Stunde Lupons Tor.

Zuerst begab er sich zur Tür des Tempels.

Und da es ein Feiertag war,

Er sah das Volk zu Tausenden strömen, aufgeregt

Durch brennenden Durst, das Wort des Predigers zu hören.

Dann, während die Echos Bernols Namen murmelten,

Durch die Gänge, in denen es hinter ihm still wurde, kam Bernol;

Auf der schärfsten Tonhöhe bewusster Macht gespannt,

Mit vorbereiteten, festen Lippen und leuchtenden Augen.

Einen Augenblick lang kniete er vor der Kanzel nieder

Im stillen Gebet und auf seiner Schulter fühlte

Die Hand des Engels: „Der Meister heißt dich gehen

„Allein zu Spirans Hütten, über den Schnee,

„Um Ihm dort zu dienen." Dann Bernols verborgenes Gesicht

Wurde weiß wie der Tod, und für ungefähr den Raum

Auf zehn langsame Herzschläge folgte keine Antwort;

Bis Bernol sich umsah und flüsterte: „WARUM?"

Aber auf seine Frage gab es keine Antwort;

Der Engel seufzte und verschwand mit einem Seufzer.

In dem bescheidenen Haus, in dem Malvin verbrachte

Seine fleißigen Jahre, auf heilige Dinge bedacht,

Es herrschte süße Stille; und dort fand der Engel

Der heilige Weise versunken in tiefe Gedanken,

Weben mit geduldiger Mühe und bereitwilliger Sorgfalt

Ein Netz aus Weisheit, wunderbar und gerecht:

Ein nahtloses Gewand für Truths großes Brauttreffen,

Und es bedarf nur eines Threads, um vollständig zu sein.

Dann berührte Asmiel seine Hand und riss den Faden

Von fein gesponnenem Gedanken und sehr sanft gesagt:

„Derjenige, an den du denkst, befiehlt dir zu gehen

„Allein zu Spirans Hütten, über den Schnee,

„Um Ihm dort zu dienen." Mit Trauer und Überraschung

Malvin blickte mit Widerwillen in den Augen auf.

Der gebrochene Gedanke, die Seltsamkeit des Anrufs,

Der gefährliche Durchgang der Bergwand,

Die einsame Reise und die Länge

Auf unbekannte Weise, zu groß für seine schwache Kraft,

Hat ihn entsetzt. Mit zweifelnder Stirn

Er überflog die zweifelhafte Aufgabe und murmelte „WIE?"

Aber Asmiel antwortete, als er sich zum Gehen umdrehte:

Mit kalter, entmutigter Stimme: „Ich weiß es nicht."

Jetzt ging er mit schwindender Hoffnung auf die Suche

Der dritte und letzte, mit dem Gott ihm befahl, zu sprechen,

Kaum zwanzig Schritte entfernt, wen sollte er treffen

Aber Fermor, der fröhlich die Straße entlang eilte,

Mit bereitem Herzen, das seiner Arbeit wie einem Spiel gegenüberstand,

Und ich freue mich, dass es jeden Tag größer wird!

Der Engel stoppte ihn mit erhobener Hand,

Und er gab ohne Zögern den Befehl seines Herrn:

„Der, dem du hier dienst, würde dich gehen lassen

„Allein zu Spirans Hütten, über den Schnee,

„Um Ihm dort zu dienen." Bevor Asmiel wieder atmete

Die eifrige Antwort sprang ihm entgegen: „WANN?"

Das Gesicht des Engels strahlte vor innerer Freude,

Und seine ganze Gestalt erstrahlte in himmlischem Licht;

Er nahm den goldenen Stirnreif

Und gab Fermor die Krone und antwortete: „Jetzt!

„Denn du hast die vom Meister geforderte Prüfung bestanden,

„Und ich habe den Mann gefunden, der ihn am meisten liebt.

„Es gehört weder dir noch mir, Fragen zu stellen oder zu antworten

„Wenn Er uns befiehlt und fragt: ‚Wie?' oder 'warum?'

„Er kennt die Ursache; seine Wege sind weise und gerecht;

„Wer dem König dient, muss mit vollkommenem Vertrauen dienen."

Februar 1902.

DER EITIGE KÖNIG

In tyrianblauen Gewändern war der König gekleidet,

Ein juwelenbesetzter Kragen glänzte auf seiner Brust,

Ein riesiger Rubin glitzerte in seiner Krone —

Herr über reiche Länder und viele prächtige Städte.

In ihm liegt der Ruhm einer alten Linie

Von nüchternen Königen, die mit göttlichem Recht regierten,

Waren zentriert; und ihm gegenüber mit treuer Ehrfurcht

Die Menschen suchten nach Führung und Recht.

Zehntausend Ritter, der Beschützer des Landes,

Liegt wie ein einzelnes Schwert in seiner Hand;

Hundert Gerichte mit Macht über Leben und Tod,

Durch seinen Atem verkündete er Gerichtsurteile;

Und all die heiligen Gewächse, die die Menschen gekannt hatten

Ordnung und Herrschaft hielten seinen Thron aufrecht.

Stolz war der König, aber nicht mit einem solchen Herzen

Wie es sich für einen Mann gehört, eine königliche Rolle zu spielen.

Nicht sein Stolz, der Ehre als Vertrauen

Das Recht zu herrschen, die Pflicht, gerecht zu sein:

Nicht seine Würde, die sich beugt, um zu tragen

Das Joch des Monarchen, die Sorgenlast des Herrn,

Und arbeitet wie der Bauer an seinem Tor,

Dem Volk dienen und den Staat schützen.

Er war noch stolz auf sich und hatte noch andere Freuden:

Für ihn waren Krone und Zepter nur Spielzeug,

Mit dem er des Ruhms müßiges Spiel spielte,

Um sich selbst zu gefallen und die Kränze des Ruhms zu gewinnen.

Der Thron seiner Väter von Zeitalter zu Zeitalter,

Seinem Ehrgeiz schien eine passende Bühne zu sein
Gebaut für König Martin, um ihn nach Belieben zur Schau zu stellen,
Seine gewaltige Kraft und sein universelles Können.

Kein bewusstes Kind, das, durch Lob verwöhnt, versucht
Auf Schritt und Tritt bewundernde Blicke zu erregen,—
Kein beliebter Quacksalber, dessen Schauspielkunst
Aus gaffenden Massen lauter Beifalldonner,
War eitel als der König: sein einziger Durst
War in jedem Rennen als Erster zu feiern.
Als das Turnier stattfand, in ritterlicher Verkleidung
Der König würde auf der Liste stehen und den Preis gewinnen;
Als Musik den Hof bezauberte, mit goldener Lyra
Der König betrat die Bühne und leitete den Chor;
Auf der Jagd ist es seine Lanze, um den Eber zu erlegen.
Beim Falkenjagen siehst du, wie sein Falke am höchsten aufsteigt;
Beim Malen würde er den Pinsel des Meisters führen;
In lauter Debatte – „Der König spricht! Ruhe!"
So mit ruhelosem Herzen auf jedem Gebiet
Er suchte Ruhm und fand, dass seine Untertanen nachgaben
Als ob er die Offenbarung eines Halbgottes wäre.

Aber während er die kleinen Spiele des Lebens spielte
Sein Königreich fiel inneren Konflikten zum Opfer.
Die Korruption schlich sich unbeachtet durch das Gericht,
Und auf dem Ehrenplatz schlief die Gerechtigkeit.
Die Starken traten die Schwachen nieder; die hilflosen Armen
Stöhnte unter der Last, die kaum zu ertragen war.
Der Reichtum der Nation wurde für vergebliche Zurschaustellung ausgegeben,

Und die Schwäche zermürbte das Herz der Nation.

Doch glaube nicht, dass die Erde blind ist für menschliches Leid –

Der Mensch hat mehr Freunde und Helfer, als er weiß;

Und wenn ein geduldiges Volk unterdrückt wird,

Das Land, das sie geboren hat, spürt es in seiner Brust.

Geister des Feldes und der Flut, der Heide und des Hügels,

Sind betrübt und wütend über das sich ausbreitende Übel;

Die Bäume klagen gemeinsam in der Nacht,

Man hört Stimmen des Zorns auf der Höhe,

Und heimliche Gelübde werden geschworen, bei Strom und Strand,

Um den Tyrannen zu stürzen und das Land zu befreien.

Aber den verwöhnten König kümmerte das wenig;

Er hörte keine andere Stimme als Lob und Bitte.

Geschmeichelt und getäuscht, Sieger in jedem Sport,

Eines Tages wanderte er müßig mit seinem Hofstaat umher

Neben dem Fluss, auf der Suche nach

Neue Möglichkeiten, staunenden Augen sein Können zu zeigen.

Dort im Bach stand ein geduldiger Fischer,

Und warf seine Leine über die plätschernde Flut.

Seine silberne Beute lag neben ihm auf dem Grün:

„Solche Fische", riefen die Höflinge, „habe ich noch nie gesehen!"

„Drei Lachse, länger als ein Tuchschaft –

„Dieser Mann muss ein Meister seines Fachs sein!"

„Eine leichte Kunst!", antwortete der eifersüchtige König:

„Ich selbst könnte es besser lernen, wenn ich es versuchte,

„Und fange hundert größere Fische pro Woche –

„Willst du die Herausforderung annehmen, Kerl? Sprich!"

Der Fischer drehte sich um, kam näher und beugte sein Knie:

„Es steht Königen nicht zu, sich mit solchen wie mir zu streiten;

„Doch wenn der König es befiehlt, gehorche ich.

„Aber um eine Bedingung des Streits bete ich:

„Der Fischer, der am wenigsten an Land bringt

„Soll tun, was der andere befiehlt."

Laut lachte der König: „Du bist ein dummer Fischer!

„Denn ich werde gewinnen und über dich herrschen, damals wie heute."

Also für Prinz John, eine nüchterne Seele, ruhig

Und langsam verließ König Martin das Ruder des Staates,

Während wir uns mit eifrigem Eifer dem neuartigen Spiel widmen

Er widmet sich all seiner Zeit und all seinen Kräften.

Sicherlich hat man so einen Anblick noch nie zuvor gesehen!

Denn gekleidet und gekrönt betrat der Monarch das Ufer;

Seine goldenen Haken waren mit feinen Federn geschmückt,

Seine juwelenbesetzte Rolle lief mit einer seidenen Schnur aus.

Mit königlichen Schlägen peitschte er den Kristallstrom,

In der Ferne sah der Lachs sein Angelgerät glänzen;

Sie waren den Königen gegenüber rücksichtslos und blickten sie mit ruhiger Verachtung an

Der knallige Köder, und Martin fischte vergebens.

Am Freitag, als die Woche fast zu Ende war,

Er blickte unzufrieden über seinen leeren Korb,

Rief nach einem Netz und warf es weit und breit aus,

Und zog – tausend Elritzen aus der Flut!

Dann kam der Fischer, um das Spiel zu beenden,

Und breitete zu Füßen des Monarchen seinen Fang aus –

Hundert Lachse, größer als zuvor –

„Ich gewinne!", rief er. „Der König muss dafür bezahlen."

Da warf Martin wütend seine Ausrüstung hin:

„Bevor ich dieses Spiel verliere, verliere ich lieber meine Krone!"

Nein, du hast sie beide verloren", sagte der Fischer.

Und als er sprach, strömte ein wunderbares Licht

Um seine Gestalt; er ließ seine Kleider fallen,

Und an seiner Stelle wurde der Flussgott gesehen.

„Deine Eitelkeit hat dich in meine Gewalt gebracht,

„Und du sollst die Strafe zu dieser Stunde bezahlen:

„Denn du hast dich als königlicher Narr erwiesen,

„Zu stolz zum Angreifen und zu eitel zum Herrschen.

„Eifrig darauf bedacht, in jedem trivialen Streit zu siegen, —

„Geh! Du sollst dein ganzes Leben lang nach Elritzen fischen!"

Zornig hörte der König das verächtliche Urteil;

Er versuchte zu antworten, aber er zwitscherte nur:

Sein tyrisches Gewand wurde in blaue Flügel verwandelt,

Seine Krone wurde zu einem Wappen, — davon flog er!

Und immer noch, am Ufer des Baches entlang,

Der eitle Eisvogel huscht, ein azurblauer Schimmer, —

Du siehst seinen rubinroten Kamm, du hörst seinen eifersüchtigen Schrei.

April 1904.

TEXT

EINE MEILE MIT MIR

O, wer würde eine Meile mit mir gehen?

Auf dem fröhlichen Weg des Lebens?

Ein Kamerad, fröhlich und voller Freude,

Wer wagt es, laut und frei zu lachen,

Und lasse seiner ausgelassenen Fantasie freien Lauf,

Wie ein glückliches Kind, durch die fröhlichen Blumen

Die das Feld füllen und den Weg säumen

Wo er eine Meile mit mir geht.

Und wer wird eine Meile mit mir gehen

Auf dem mühsamen Weg des Lebens?

Ein Freund, dessen Herz Augen zum Sehen hat

Die Sterne leuchten über der dunkler werdenden Wiese,

Und die ruhige Ruhe am Ende des Tages,—

Ein Freund, der weiß und zu sagen wagt:

Die mutigen, süßen Worte, die den Weg aufheitern

Wo er eine Meile mit mir geht.

Mit so einem Kameraden, so einem Freund,

Ich würde gerne gehen, bis die Reisen zu Ende sind,

Durch Sommersonne, Winterregen,

Und dann? – Leb wohl, wir sehen uns wieder!

Dezember 1902.

FRÜHLING IM SÜDEN

Jetzt quillt der Lebenssaft in der Eiche,

Obwohl das rostige Blattwerk am Ast haftet;

Jetzt schwellen die nebligen Knospen der Ulme an,

Sehen Sie, wie der Kiefernwald mit Flügeln zum Leben erwacht;

Blauhäher flattern, jodeln und weinen,

Wiesenlerchen segeln tief über dem verblühten Gras,

Rote Vögel pfeifen deutlich, stille Rotkehlchen fliegen, —

Wer hat die Vögel geweckt? Was ist geschehen?

Die Baumwollpflanzen des letzten Jahres, die sich trostlos verneigten,

Zittern im Märzwind, zerlumpt und verlassen;

Rot sind die Hügel des frühen Pflügens,

Grau ist das Tiefland, das auf den Mais wartet.

Die Erde scheint noch zu schlafen, aber sie tut nur so.

Tief in ihrem Busen herrscht eine süße Unruhe.

Schauen Sie, wo der Jasmin reichlich regnet

Jupiters goldener Regenschauer in Danaes Brust!

Jetzt wird auf der Pflaume die schneebedeckte Blüte gesiebt,

Jetzt auf dem Pfirsich die Herrlichkeit der Rose,

Über den Hügeln weht ein zarter Dunst,

Bis zum Rand fließt der gelbe Fluss.

Dunkle Zypressenzweige glitzern mit leuchtenden Juwelen,

Grüner als Smaragde, die in der Sonne glänzen.

Wer hat den Zauber gewirkt? Hör zu, Liebling, hör zu!

Die Spottdrossel singt: Der Frühling hat begonnen.

Hört, in seinem Lied ist kein Zittern der Besorgnis zu hören!

Er legt sein ganzes Herz in sein Lied,

„Liebe, Liebe, Liebe und pure Lebensfreude:

Der Winter ist vergessen: Hier ist ein glücklicher Tag!"

Schön in deinem Gesicht las ich die blumige Vorahnung,

Schneeweiß auf deiner Stirn und Rosig auf deinem Mund:

Süß in deiner Stimme höre ich die Botschaft der Jahreszeit,—

Liebe, Liebe, Liebe und Frühling im Süden!

März 1904.

Die Nähe der Liebe

Ich denke an dich, wenn goldene Sonnenstrahlen schimmern

Über das Meer;

Und wenn die Wellen den blassen Schimmer des Mondes reflektieren,

Ich denke an dich.

Ich sehe deine Gestalt, wenn du die ferne Autobahn entlang gehst

Die Staubwolken steigen auf;

In tiefster Nacht, über dem Bergweg,

Ich sehe deine Augen.

Ich höre dich, wenn die Gezeiten des Ozeans zurückkehren

Freut euch laut;

Und auf dem einsamen Moor, in stiller Sehnsucht,

Ich höre deine Stimme.

Ich wohne bei dir; auch wenn du weit weg bist,

Doch bist du nahe.

Die Sonne geht unter, die Sterne leuchten, –

Geliebten,

Ach, wärst du hier?

Von Goethe: „Nahe des Geliebten.“

ZWEI SCHULEN

Ich lege mein Herz in die Schule

In der Welt, in der die Menschen weise werden,

„Geh raus“, sagte ich, „und lerne die Regel;

„Komm zurück, wenn du einen Preis gewinnst.“

Mein Herz kam wieder zurück:

„Wo ist jetzt der Preis?“ Ich weinte.-

„Die Regel war falsch und der Preis war Schmerz,

„Und der Name des Lehrers war Pride.“

Ich lege mein Herz in die Schule

Im Wald, wo die Waldvögel singen,

Und Bäche fließen kühl und klar;

Auf den Feldern, wo wilde Blumen sprießen,

Und das Blau des Himmels neigt sich nahe.

"Geh raus", sagte ich, "du bist ein halber Narr,

„Aber vielleicht können sie es dir hier beibringen.“

"Und warum bleibst du so lange,

„Mein Herz, und wo schweifst du umher?“

Die Antwort kam mit einem Lachen und einem Lied:

„Ich finde, diese Schule ist mein Zuhause.“

April 1901.

EIN GEBET ZUM GEBURTSTAG EINER MUTTER

Herr Jesus, du weißt

Die Liebe und zärtliche Fürsorge einer Mutter:

Und Du wirst es hören, während für mich

Ich spreche dieses Geburtstagsgebet für meine liebste Mutter.

Beschütze ihr Leben, ich bete,

Der mir das Geschenk des Lebens gab;

Und möge sie von Tag zu Tag wissen,

Das tiefere Leuchten des Lebens, das von Dir kommt.

Wie einst auf ihrer Brust

Furchtlos und zufrieden lag ich da,

So lass ihr Herz bei Dir ruhen,

Spüren Sie, wie Ihre Ängste nachlassen und Ihre Sorgen sich verflüchtigen.

Alle ihre Wünsche werden erfüllt;

Und selbst wenn Du ablehnen musst

Lass in allem Deinen weisen Willen

Ein Trost, wie ihn liebevolle Mütter spenden.

Ach, halt ihre Hand,

Als einst ihre Hand meine hielt;

Und obwohl sie es vielleicht nicht versteht

Führe sie in göttlichen Frieden auf dem gewundenen Weg des Lebens.

Ich kann meine Schulden nicht bezahlen

Für all die Liebe, die sie gegeben hat;

Doch du, Herr der Liebe, wirst nicht vergessen

Ihr gebührender Lohn – segne sie im Erden und im Himmel.

Juli 1903.

INDISCHER SOMMER

Ein weicher Schleier verdunkelt den zarten Himmel,

Und die Hälfte verbirgt sich vor nachdenklichen Augen

Die bronzenen Zeichen des Herbstes;

Eine Stille brütet über den Hügeln,

Und der Abschiedstraum des Sommers destilliert

Über allem liegt ein Zauber der Stille.

Die Maisstapel, in brauner Anordnung,

Stehe und warte den ruhigen Tag über,

Wie zerfetzte Wigwams auf der Ebene;

Die Stämme, die dort Zuflucht finden

Sind Phantomvölker, Luftformen,

Und Geister verschwundener Freude und verschwundenen Schmerzes.

Am Abend, wenn der purpurne Kamm

Von Sonnenuntergang geht nach Westen,

Ich höre den flüsternden Gastgeber zurückkehren;

Auf fernen Feldern, bei Ulmen und Eichen,

Ich sehe die Lichter, ich rieche den Rauch,—

Die Lagerfeuer der Vergangenheit brennen.

Tertius und Henry Van Dyke.

November 1903.

EINE WELT

„Die Welten, in denen wir leben, sind zwei
Die Welt ‚Ich bin‘ und die Welt ‚Ich tue‘.“

Die Welten, in denen wir im Herzen leben, sind eins,
Die Welt „Ich bin“, die Frucht von „Ich habe getan“;
Und unter diesen Welten aus Blumen und Früchten,
Die Welt „Ich liebe“ — die einzige lebende Wurzel.

VERSTECKEN UND SUCHEN

ICH

Alle Bäume schlafen, alle Winde sind still,
Alle Schäfchenwolken sind am Hügel vorbeigezogen;
Durch die Mittagsstille, unten in den Wäldern des Juni,
Horch, die Stimme eines kleinen Jägers kommt mit einer Melodie angerannt.
"Verstecken und suchen!
„Wenn ich spreche,
„Du musst mir antworten:
"Erneut aufrufen,
"Fröhlichen Männer,
„Kuh-iiii, Kuh-iiii, Kuh-iiii!“

Jetzt höre ich seine Schritte, die durch das Gras rascheln:

Soll ich ihn, versteckt in meiner grünen Ecke, passieren lassen?

Nur ein leises, sanftes Pfeifen, – schnell wendet sich der Jäger,

Springt lachend auf mich zu und rollt mich in den Farnen.

„Haltet ihn fest,

„Endlich erwischt!

„Jetzt bist du es, siehst du.

„Verstecke dein Auge,

„Bis ich weine,

„Kuh-iiii, Kuh-iiii, Kuh-iiii!"

II

Vor langer, langer Zeit hat er mich verlassen:

Jetzt wandere ich durch die Welt und suche ihn hoch und niedrig;

Sicher und glücklich versteckt, an einem angenehmen Ort, –

Ah, wenn ich seine Stimme hören könnte, würde ich bald sein Gesicht finden.

Weit weg,

Mancher Tag,

Wo kann Barney sein?

Antwort, Liebes,

Hörst du nicht?

Coo-ee, coo-ee, coo-ee!

Vögel, die im Frühling sein Herz mit Freude erfüllten,

Er liebte es, Blumen für mich zu pflücken, denken Sie an meinen Jungen.

Sicherlich wartet er, bis meine Schritte nahe kommen;

Die Liebe kann sich eine Weile verbergen, aber sie kann niemals sterben.

Herz, sei froh,

Der kleine Junge

Wird dich eines Tages rufen:

„Lieber Vater,

„Der Himmel ist hier,

„Kuh-iiii, Kuh-iiii, Kuh-iiii!"

Januar 1900.

DULCIS MEMORIA

Vor langer, langer Zeit hörte ich ein kleines Lied,

(Ah, ist das schon lange her oder gestern?)

So leise, langsam spulte ich die Melodie ab,

So tief in mein Herz hat es den Weg gefunden:

Eine tröstende und liebenswerte Melodie;

Und doch höre ich in stillen Stunden oft

Das kleine, süße Lied, das nicht vergeht.

Vor langer, langer Zeit sah ich eine kleine Blume, −

(Ah, war es vor langer Zeit oder gestern?)

So schön im Gesicht und duftend für eine Stunde,

Das, was mir am Herzen lag, schien zu sagen:

Ein Gedanke voller Freude, der Wirklichkeit wurde

Ohne ein Wort; und jetzt sehe ich oft

Die freundliche Blume, die nicht verblüht.

Vor langer, langer Zeit hatten wir ein kleines Kind, −

(Ah, war es vor langer Zeit oder gestern?)

Er lächelte in die Augen seiner und meiner Mutter

Unbewusste Liebe; Warm in unseren Armen lag er.

Ein Engel rief! Liebes Herz, wir konnten ihn nicht halten;

Doch heimlich umschlingen ihn deine und meine Arme −

Unser kleines Kind, das nicht weggeht.

Vor langer, langer Zeit? Ach, Erinnerung, mach es klar —

(Es ist noch nicht lange her, sondern gestern)

So klein und so hilflos und so lieb

Lass das Lied nicht verloren gehen, die Blume nicht verwelken!

Seine Stimme, seine wachen Augen, sein sanfter Schlaf:

Die kleinsten Dinge sind bei Dir am sichersten.

Schöne Erinnerung, behalte unser Kind immer bei uns.

April 1903.

HERBST IM GARTEN

Wenn der frostige Kuss des Herbstes im Dunkeln

Hinterlässt Spuren

Auf den Blumen, und der neblige Morgen trauert

Über abgefallenen Blättern;

Dann mein alter Garten, wo die goldene Erde

Durch die Mühe

Von hundert Jahren ist sanft, reich und tief,

Flüstert im Schlaf.

„Inmitten der zerknitterten Beete aus Ringelblumen und Phloxen,

Wo die Kiste

Begrenzt mit seinem glänzenden Grün die alten Spazierwege,

Es gibt eine Stimme, die spricht

Von den menschlichen Hoffnungen, die hier blühten und verwelkten

Jahr für Jahr,-

Träume der Freude, die alle arbeitsreichen Stunden erhellten,

Verblassen wie die Blumen.

Doch die geflüsterte Geschichte vertieft die Trauer nicht;

Aber Erleichterung

Denn die Einsamkeit der Trauer scheint zu fließen

Aus längst vergangenen Zeiten,

Wenn ich an andere Leben denke, die wie meines gelernt haben,

Zurücktreten,

Und denken Sie daran, dass die Traurigkeit des Herbstes

Kommt allen gleich.

Welches Bedauern, welche Sehnsucht nach dem Verlorenen waren bei ihnen spürbar!

Und welche Gebete

Für die stille Kraft, die uns Mut macht, durchzuhalten

Dinge, die wir nicht heilen können!

Sie gingen im Garten auf und ab,

Ich habe verfolgt

Alle ihre ausgetretenen Pfade der Geduld, bis ich finde

Trost in meinen Gedanken.

Schwach und weit weg erscheinen ihre alten Sorgen:

Doch wie nah

Ist die zarte Stimme, das sorgenvolle, freundliche Gesicht,

Der Menschheit!

Lass uns zusammen im Garten spazieren gehen, liebstes Herz,

Nicht auseinander!

Diejenigen, die die Sorgen anderer Leben kennen

Gehe niemals alleine.

Oktober 1903.

DIE NACHRICHT

Erwachen aus zartem Schlaf,

Das kleine Kind meines Nachbarn

Streckt seine kleine Hand nach mir aus,

Sah mir ins Gesicht und lächelte.

Es schien, als käme er

Heim aus einem glücklichen Land,

Um mir etwas zu sagen, was mein Herz

Würde es sicher verstehen.

Irgendwo, zwischen hellen Träumen,

Ein Kind, das einmal mein war

Hatte ihm wortlose Liebe zugeflüstert,

Und gab ihm ein Zeichen.

Trost freundlicher Worte,

Und der Rat der Weisen,

Hat mir weniger geholfen als das, was ich gelesen habe

In diesen tief lächelnden Augen.

Schlaf süß, kleiner Freund,

Und träume wieder vom Himmel:

Mit doppelter Liebe küsse ich deine Hand,—

Ihre Nachricht wurde übermittelt.

November 1903.

LICHT ZWISCHEN DEN BÄUMEN

Lang, lang, lang der Weg

Durch die brütende Waldfinsternis,

Durch das schattige, einsame Tal

In die Stille, wie ein Raum

Wo das Licht des Lebens geflohen ist,

Und der Vorhang der Eifersucht schließt sich

Um die leidenschaftslose Ruhe

Von den stillen Toten.

Trottel, trottel, trottel davon,

Schritt für Schritt in vermoderndem Moos;

Dicke Äste versperren den Tag

Über träge Ströme, die kreuzen

Leise, langsam, mit einem Geräusch

In ihrem ziellosen Kriechen

Wie ein unterdrücktes Weinen,

Durch den verzauberten Boden.

„Gib nach, gib nach, gib deiner Suche nach"

Flüstern tief durch den Wald;

„Komm zu mir und sei in Ruhe;

„Ich schlafe, ich schlafe."

Dann würden die müden Füße versagen,

Aber der unerschrockene Wille

Drängt: „Vorwärts, weiter vorwärts!

„Drücken Sie den Weg entlang!"

Brust, Brust, Brust, der Hang!
Seht, der Weg wird steiler.
Horchen! ein kleines Lied der Hoffnung
Wenn der Strom zu springen beginnt.
Obwohl der Wald weit und breit
Schließt immer noch das sich biegende Blau aus,
Wir werden uns endlich durchsetzen,
Überqueren Sie die lange Kluft.

Weiter, weiter, vorwärts, wander!
Wird die Reise nie enden?
Dort drüben liegt das Lager;
Dort erwartet uns ein Willkommen, mein Freund.
Können wir es vor Einbruch der Dunkelheit erreichen?
Aufwärts, aufwärts, keine Angst!
Schau, der Gipfel muss nahe sein;
Sehen Sie die Lichtlinie!

Rot, rot, rot der Glanz
Von der Pracht im Westen,
Glühend durch die Reihen der Kiefern,
Klar den Bergkamm entlang!
Lang, lang, lang der Weg
Aus dem einsamen Tal des Kummers;
Doch schließlich sieht der Reisende
Licht zwischen den Bäumen!

März 1904.

VERTRAUEN

Nicht dem Schnellen, dem Rennen:
Nicht den Starken, den Kampf:
Nicht den Gerechten, vollkommene Gnade:
Nicht den Weisen, sondern dem Licht.

Aber oft schwankende Füße
Komme am sichersten zum Ziel;
Und die in der Dunkelheit wandeln, treffen
Der Sonnenaufgang der Seele.

Tausendmal in der Nacht
Die syrischen Gastgeber sind gestorben;
Tausendmal das besiegte Recht
Ist auferstanden, verherrlicht.

Die Wahrheit, die die Weisen suchten
Wurde von einem Kind gesprochen;
Die Alabasterdose wurde gebracht
Mit zitternden Händen besudelt.

Nicht von meiner Fackel, dem Schein,
Aber von den Sternen oben:
Nicht aus meinem Herzen, des Lebens kristallener Strom,
Aber aus der Tiefe der Liebe.

Oktober 1903.

GRÜSSE UND INSCHRIFTEN

KATINAS SONNENUHR

Die Stunden vergehen wie im Flug,

Blumen sterben:

Neue Tage,

Neue Wege:

Vorbeigehen!

Die Liebe bleibt.

**

Zeit ist

Zu langsam für diejenigen, die warten,

Zu schnell für diejenigen, die Angst haben,

Zu lang für diejenigen, die trauern,

Zu kurz für diejenigen, die sich freuen;

Aber für diejenigen, die lieben,

Die Zeit ist nicht.

AN JAMES WHITCOMB RILEY

Über sein „Buch der fröhlichen Kinder"

Ihr Garten ist voller altmodischer Blumen.

Fröhliche Kinder spielen dort mit Freude;

Müde Männer finden Ruhe in seinen Lauben,

Beobachten Sie dort das verbleibende Tageslicht.

Alte Melodien und das Lachen junger Liebender

Plätschern und rennen Sie zwischen den Rosen;

Das Echo der Erinnerung murmelt nach,

Füllen Sie die Dämmerung, wenn der lange Tag zu Ende geht.

Einfache Lieder mit einer alten Kadenz —

Das hast du im Wald von Arden gelernt:

Freundliche Blumen mit goldenen Herzen —

Diese hast du aus Edens Garten geliehen.

Das ist der Grund, warum dich alle Männer lieben;

Die Wahrheit zum Leben ist der Reiz der Kunst:

Andere Dichter mögen über Sie hinausragen —

Du bleibst nah am menschlichen Herzen.

Dezember 1903.

EINE GESUNDHEIT, UM TWAIN ZU MARKIEREN

Bei seinem Geburtstagsfest

Mit alten Erinnerungen und neuen Wünschen

Wir krönen unsere Tassen wieder,

Und hier ist für dich, und hier ist für dich

Mit Liebe, die niemals nachlassen wird!

Und mögest du mit siebenundsechzig Jahren

Die Freude der Erde, die Hoffnung des Himmels,

Und wohlverdienter Ruhm und wahre Freundschaft,

Und Frieden, der jeden Schmerz lindert,

Und der Glaube, der den Kampf durchkämpft,

Und all deines Herzens grenzenloser Reichtum,

Und all deinen Witz und all deine Gesundheit –

Ja, auf Deine Gesundheit,

Und hier ist für dich, und hier ist für dich,

Ein langes Leben, Mark Twain.

EIN RONDEAU AUS COLLEGE-REIMEN

Unsere College-Reime, wie leicht sie scheinen,

Wie kleine Geister des jungen Traums der Liebe

Das führte unsere jungen Herzen weg

Von Vorträgen und von Büchern bis hin zu Streunern

Bei blumigem Met und fließendem Bach!

Hier gibt es nichts, weder in der Form noch im Thema,

Von erhabenem Denken oder höchster Kunst:

Wir würden den Kritiker nicht abwägen lassen

Unsere College-Reime.

Doch wenn es vielleicht ein schlanker Balken ist

Vom Glanz des Gefühls oder vom Glanz der Fantasie

Bleibt immer noch in den Zeilen, die wir legen

Heute zu Alma Maters Füßen,

Die Berührung der Natur kann erlösen

Unsere College-Reime.

Mai 1904.

DER SPOTVOGEL

Voller Freude verspottet er mittags die anderen Vögel,

Den Klang jeder einfachen Melodie einfangen;

Aber wenn der Tag vergeht, singt er von Liebe, –

Sein eigenes wildes Lied unter dem lauschenden Mond.

März 1904.

DER LEERE QUATRAIN

Eine makellose Tasse: wie zart und fein
Die fließende Kurve jeder juwelenbesetzten Linie!
Schauen Sie, drehen Sie es hoch oder runter, es ist immer noch perfekt, –
Aber es enthält keinen Tropfen des herzerwärmenden Weins des Lebens.

April 1904.

Inschriften für das Haus eines Freundes

DAS HAUS

Der Grundstein der Wahrheit ist gelegt,
Die Schutzmauern der Ehre wurden errichtet,
Das Dach des Glaubens ist oben gebaut,
Das Feuer auf dem Herd ist Liebe:
Obwohl es regnet und laute Winde rufen,
Dieses glückliche Haus wird niemals fallen.
DIE TÜR

Der Sturz ist niedrig genug, um Prunk und Stolz fernzuhalten:
Die Schwelle ist hoch genug, um die Täuschung abzuwehren:
Das Türband ist stark genug, um sich vor Räubern zu schützen:
Diese Tür öffnet sich auf Knopfdruck und heißt jeden Freund willkommen.

DER HERZSTEIN

Wenn die Protokolle frei brennen,

Dann ist das Feuer voller Freude:

Wenn jedes Herz sein Bestes gibt,

Dann ist der Vortrag voller Schwung:

Zünde dein Feuer an und fürchte dich nie,

Das Leben wurde für Liebe und Fröhlichkeit geschaffen.
DIE SONNENZIFFERBLATT

Die Zeit kann niemals dauern

Welche Zeit gab es nicht;

Wenn alle meine Schatten vergangen sind,

Du wirst leben.

DIE STATUE DES SHERMAN VON ST. Gaudens

Das ist der Soldat, der mutig genug ist, es zu sagen

Die vom Ruhm geblendete Welt sagt: „Krieg ist die Hölle":

Er liebt den Frieden und blickt über den Streit hinaus.

Und reitet durch die Hölle, um das Leben seines Landes zu retten.

April 1904.

Die Sonnenuhr am Wells College

Der Schatten, den mein Finger wirft

Trennt die Zukunft von der Vergangenheit:

Davor schläft die ungeborene Stunde

In der Dunkelheit und außerhalb deiner Macht:

Hinter seiner unaufhaltsamen Linie,
Die verschwundene Stunde, nicht mehr deine:
Eine Stunde allein liegt in deinen Händen, –
Das JETZT, auf dem der Schatten steht.

März 1904.